Tacticross

70 extrem anspruchsvolle Rätsel

Bjørn Zenker

**Bibliografische Information der
Deutschen Nationalbibliothek**
Die Deutsche Nationalbibliothek verzeichnet diese
Publikation in der Deutschen Nationalbibliografie; detaillierte
bibliografische Daten sind im Internet über www.dnb.de
abrufbar.

© 2016 Bjørn Zenker
Herstellung und Verlag:
BoD – Books on Demand, Norderstedt

ISBN: 9783741288159

Inhaltsverzeichnis

Tacticross Regeln	6
5×5 Rätsel	9
6×6 Rätsel	27
7×7 Rätsel	45
8×8 Rätsel	71
9×9 Rätsel	85
Lösungen	88

Tacticross Regeln

Tacticross ist schnell erklärt — es besteht aus lediglich vier einfachen Regeln:

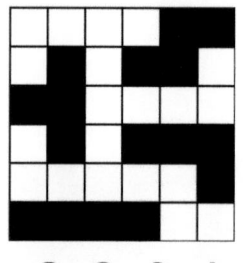

1) Zeichne Figuren aus je vier zusammenhängenden Feldern in das Gitter ein.

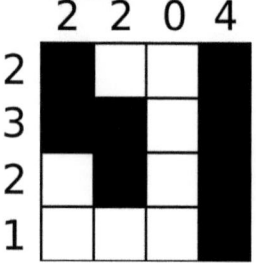

2) Die Zahlen am Rand geben an, wie viele Felder einer Zeile oder Spalte zu Figuren gehören.

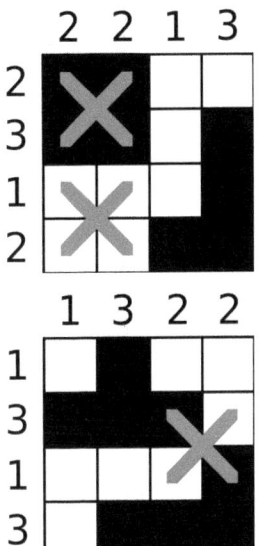

3) Kein Gebiet aus 2×2 Feldern darf komplett Freiraum sein oder komplett zu einer Figur gehören.

4) Die Figuren dürfen sich nicht berühren, auch nicht diagonal.

Obwohl die Regeln einfach und schnell zu merken sind, erfordert das Lösen der Tacticross viel Hirnschmalz! Die meisten Tacticross haben eine eindeutige Lösung, aber nicht alle. Dennoch können alle Tacticross — auch wenn dies zunächst unmöglich erscheint — ohne zu Raten mit Hilfe der richtigen Taktiken gelöst werden. Entdecke alle Taktiken, um die Rätsel zu lösen!

Viel Spaß mit Tacticross!

5×5 Rätsel

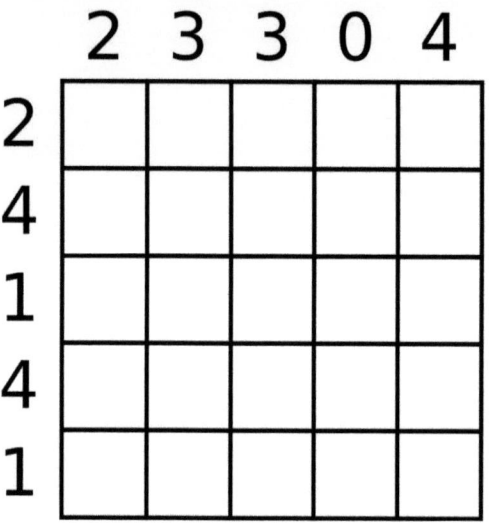

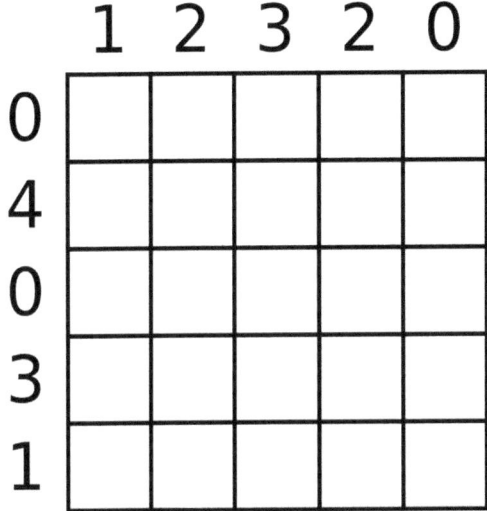

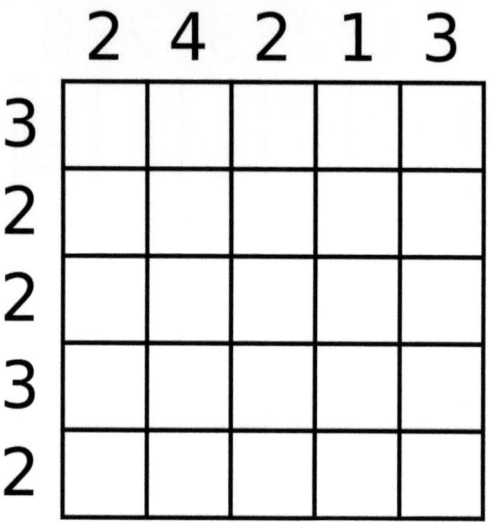

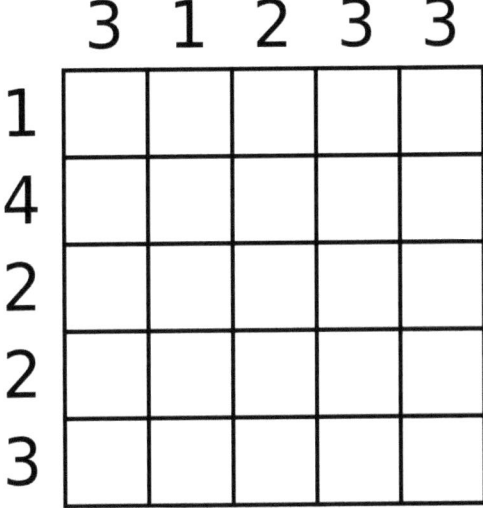

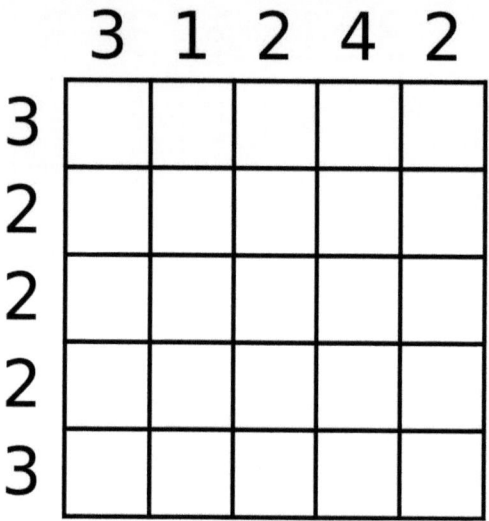

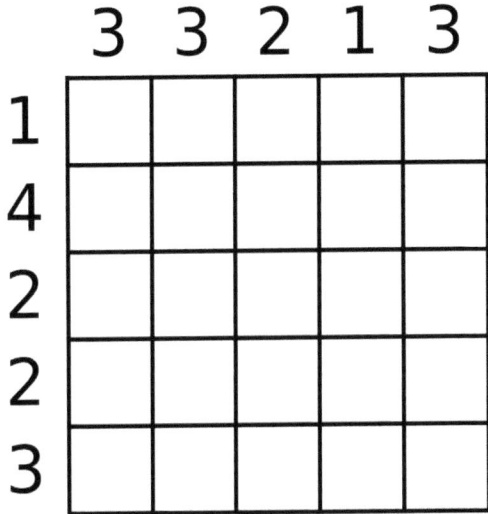

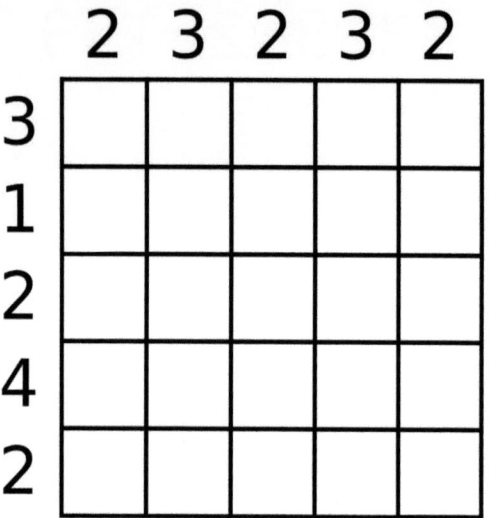

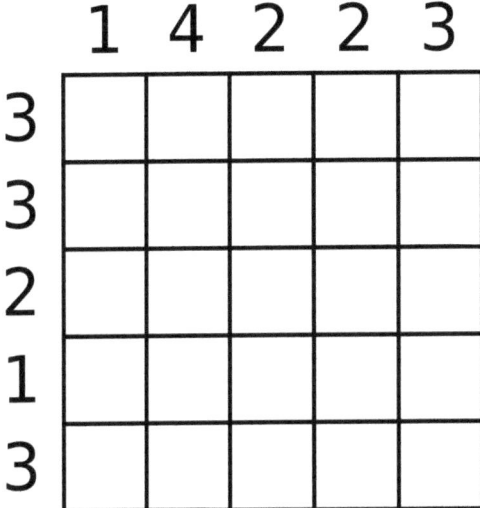

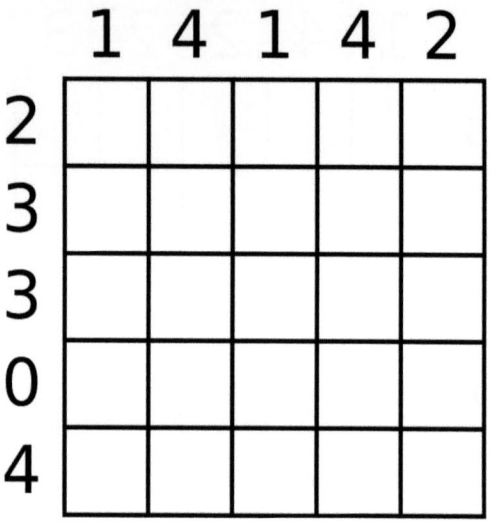

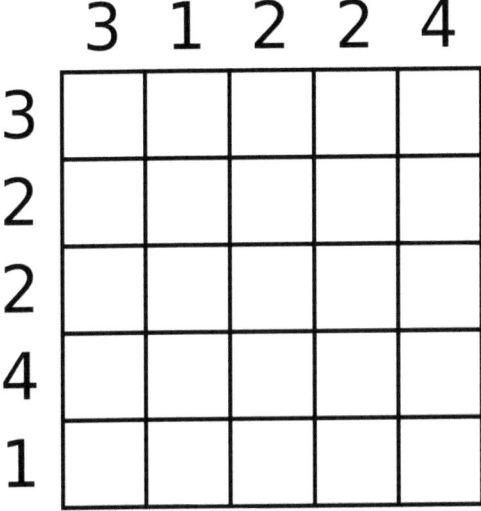

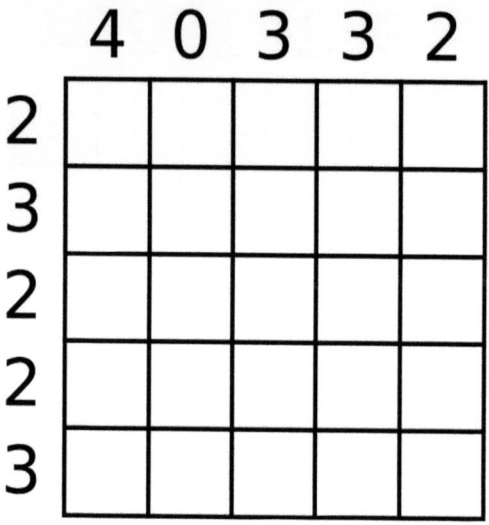

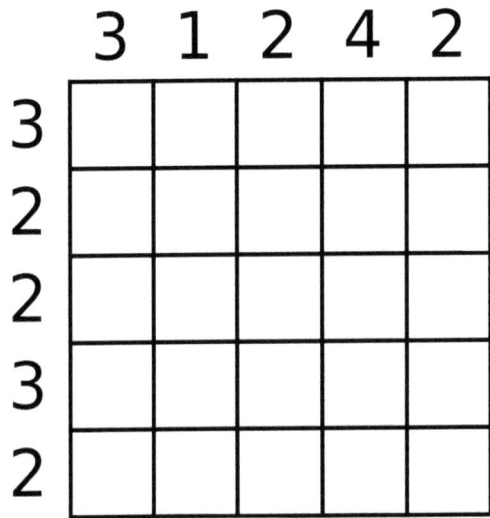

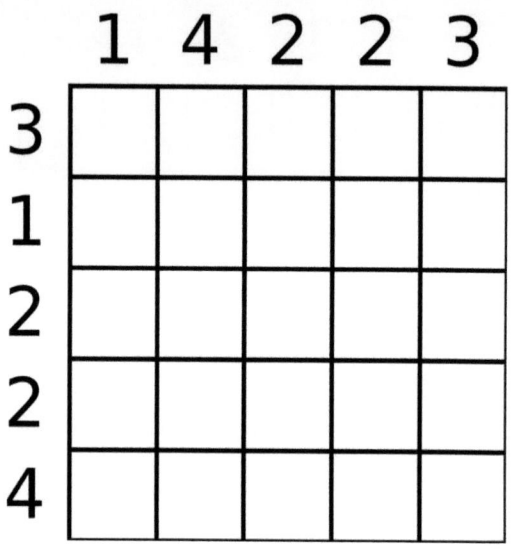

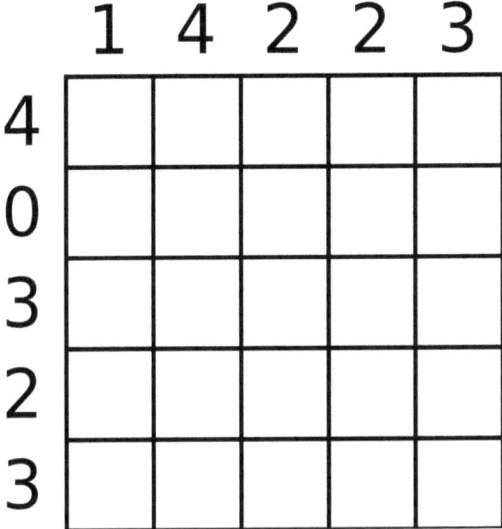

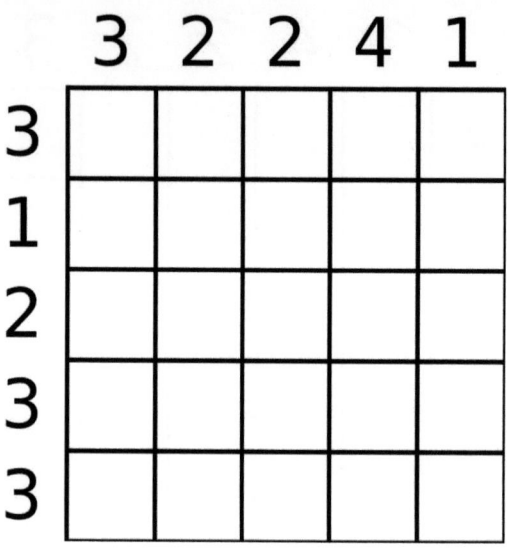

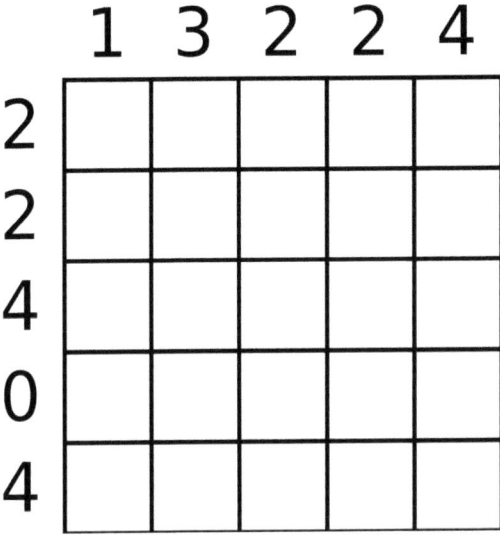

25

# 6×6 Rätsel

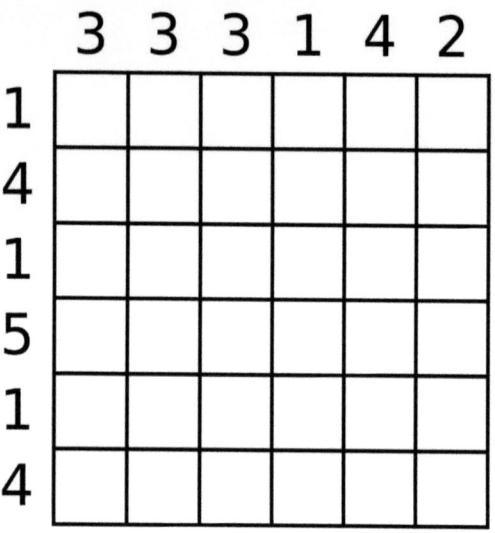

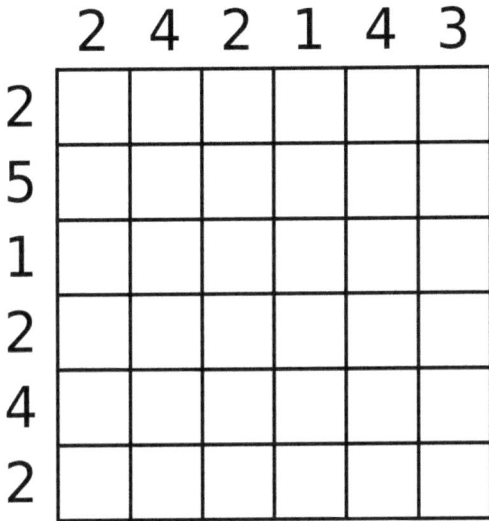

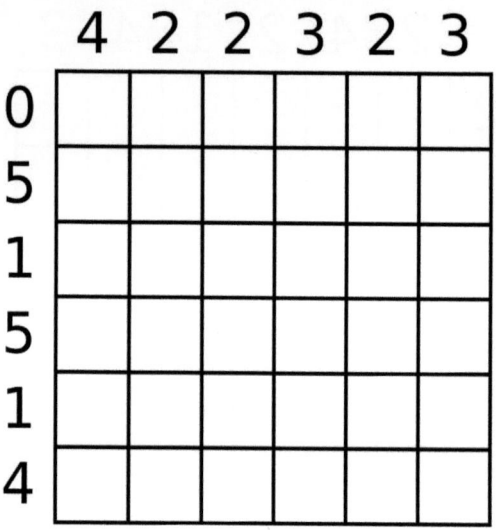

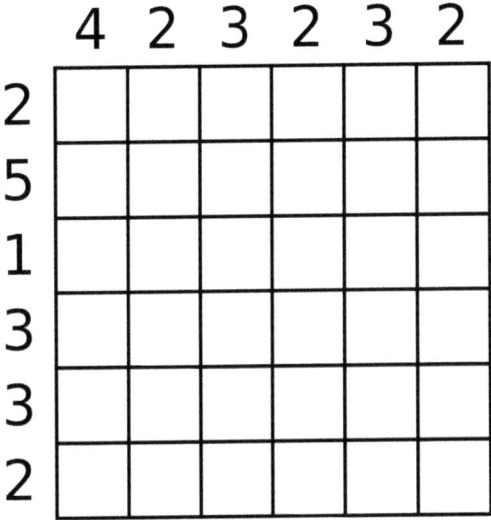

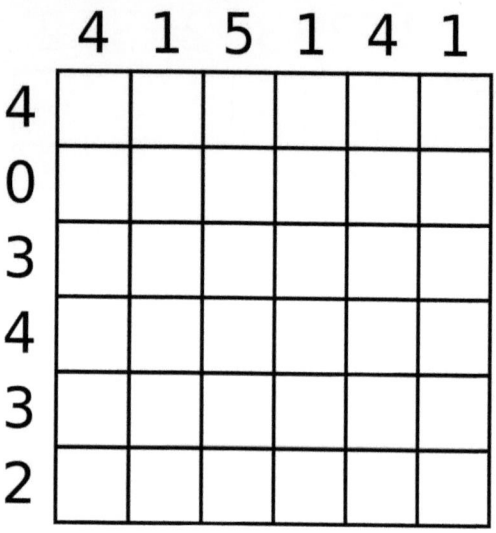

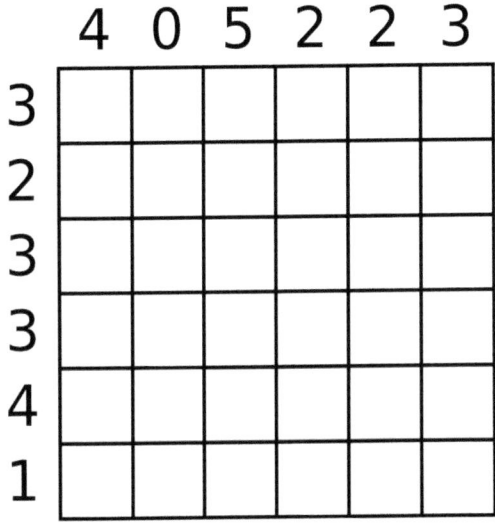

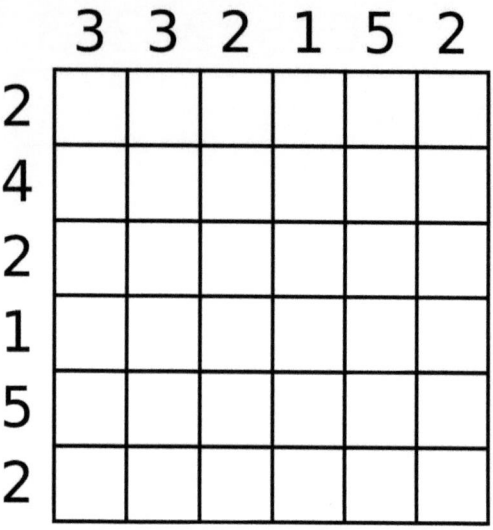

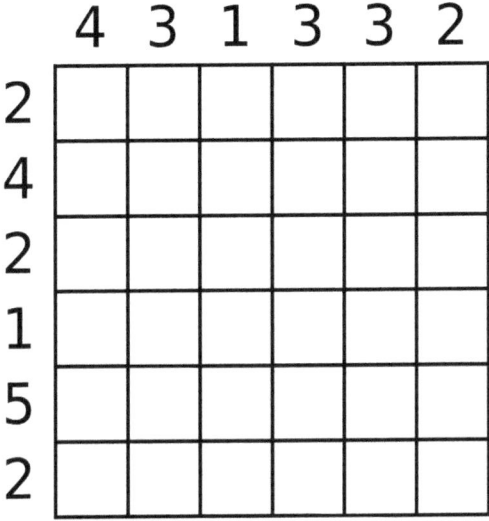

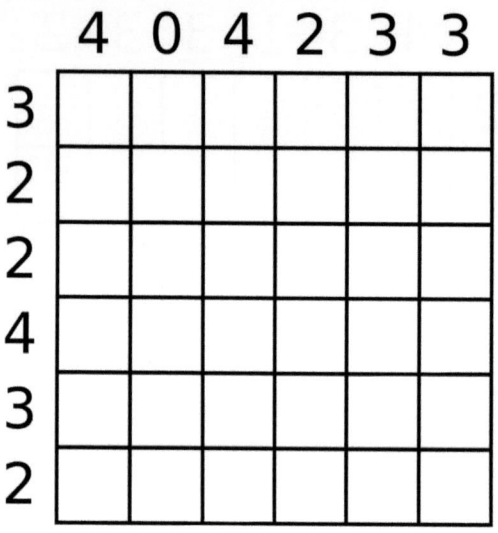

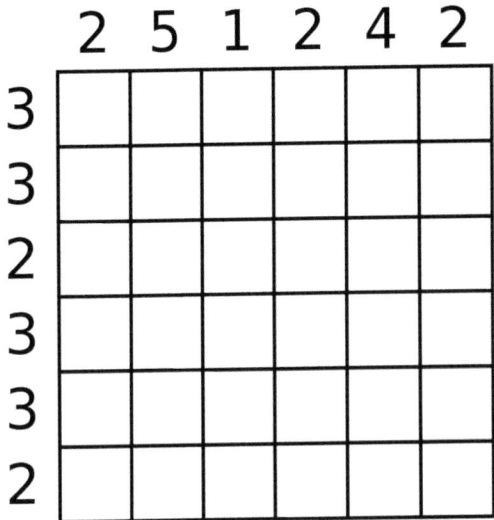

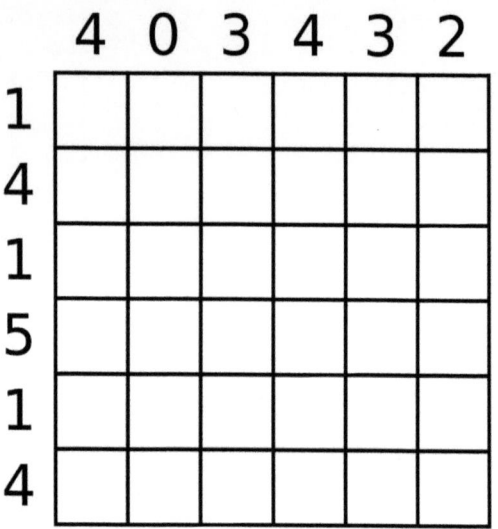

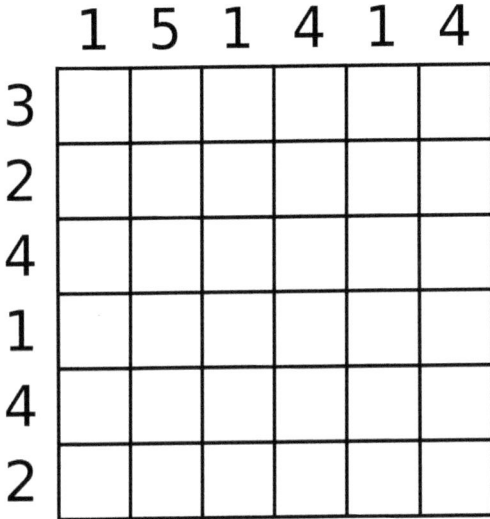

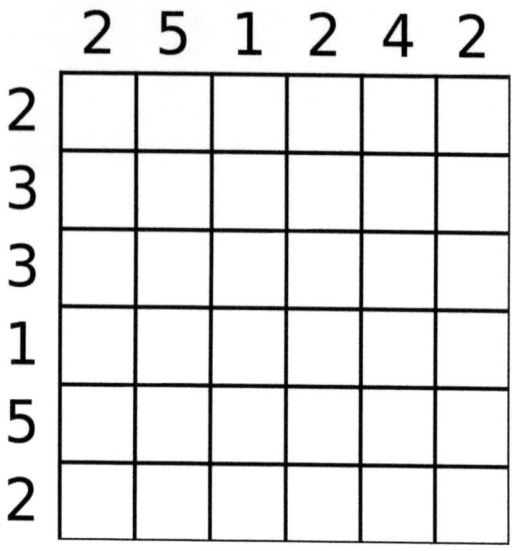

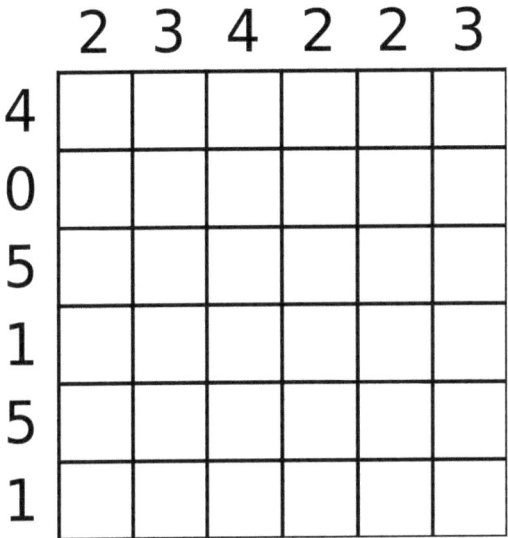

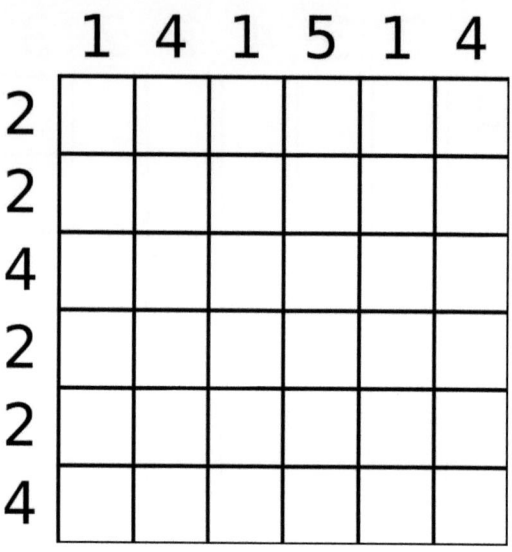

7×7 Rätsel

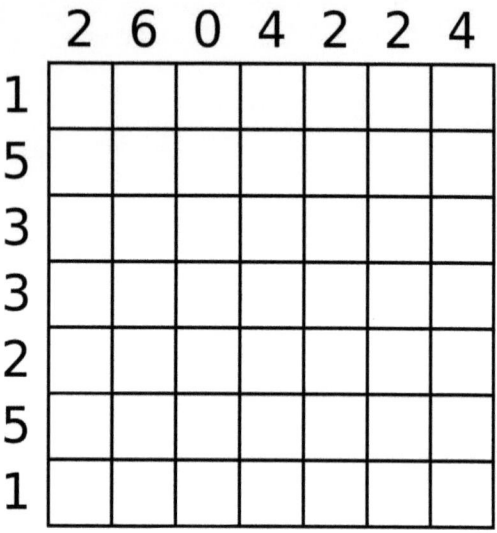

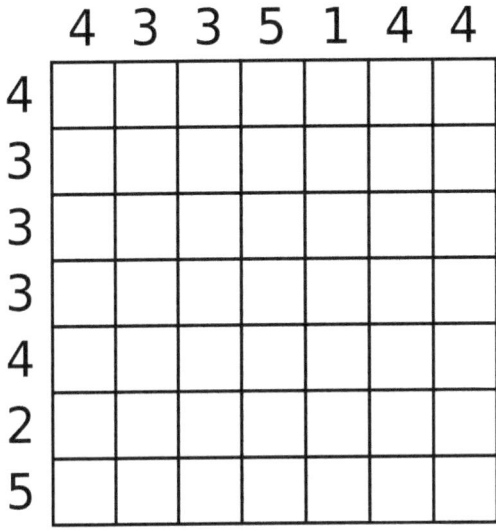

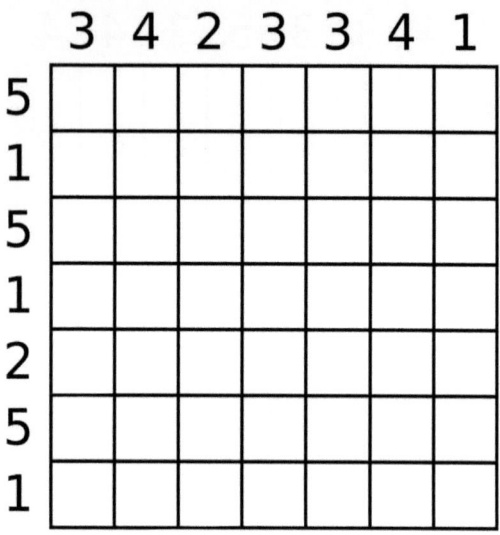

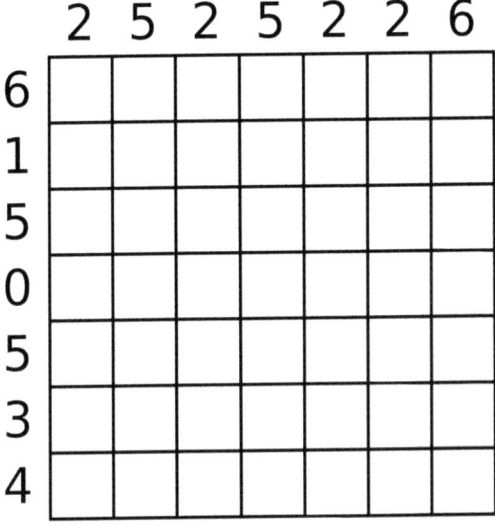

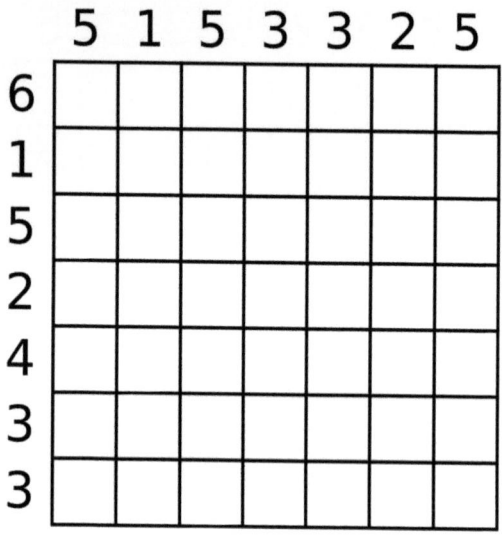

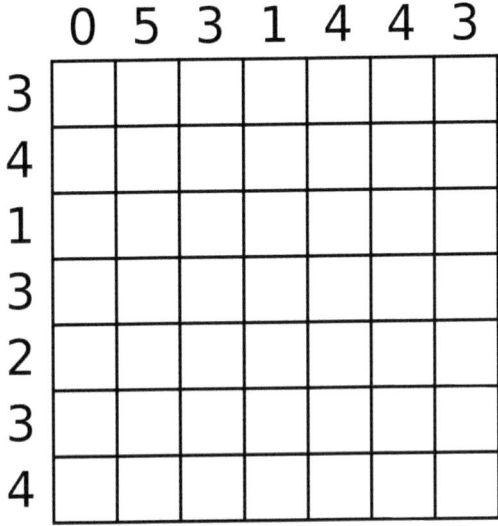

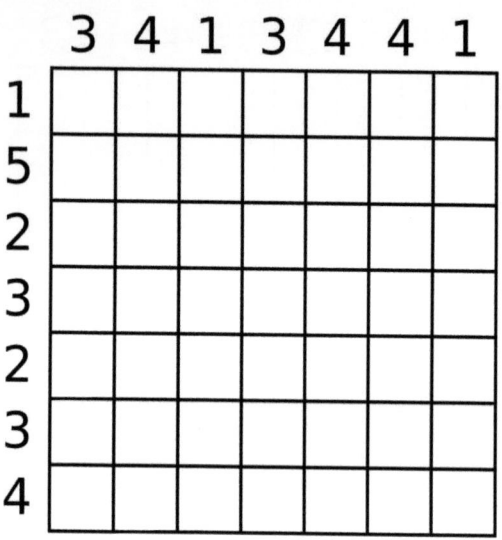

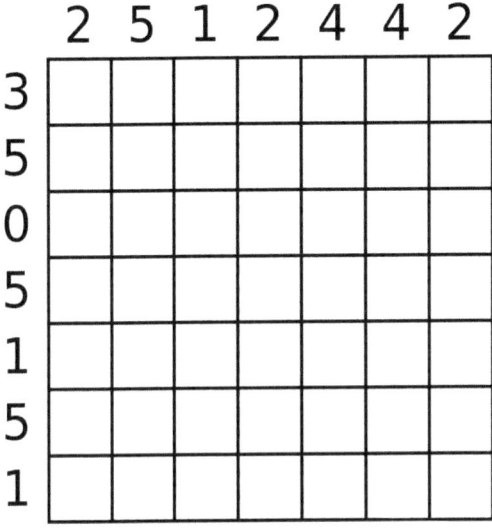

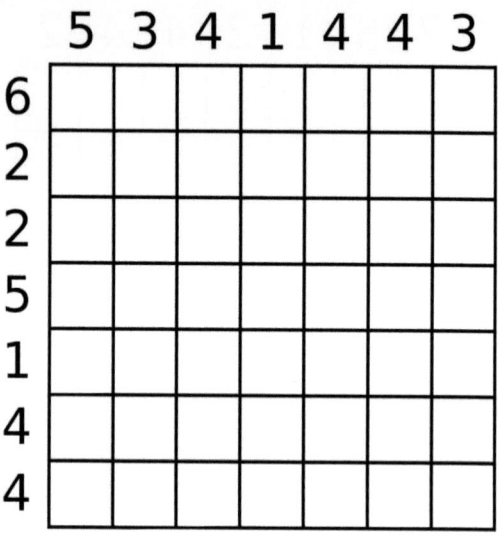

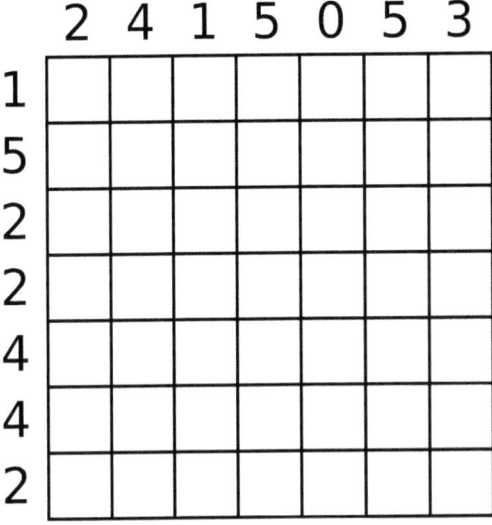

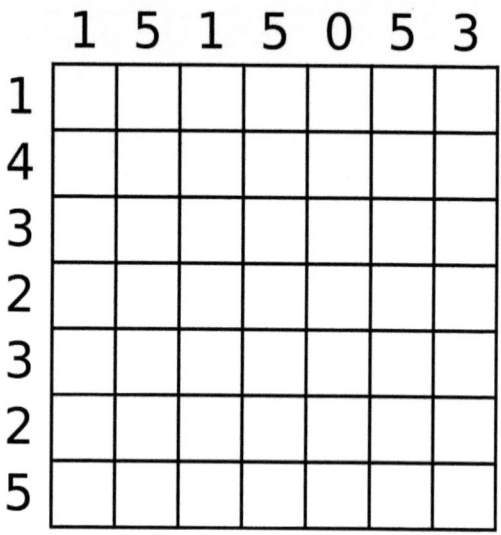

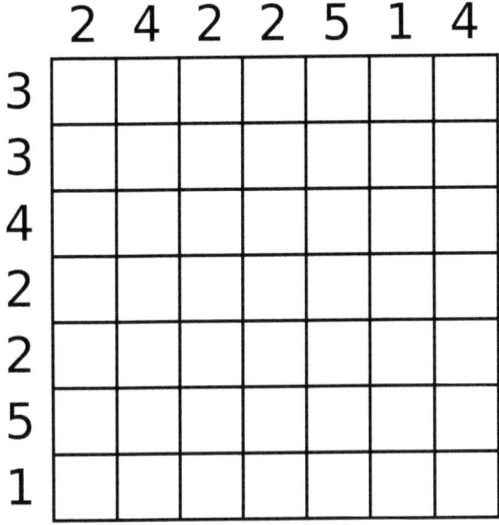

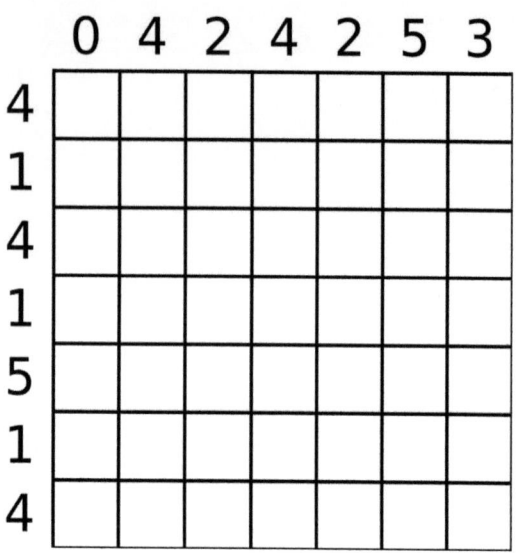

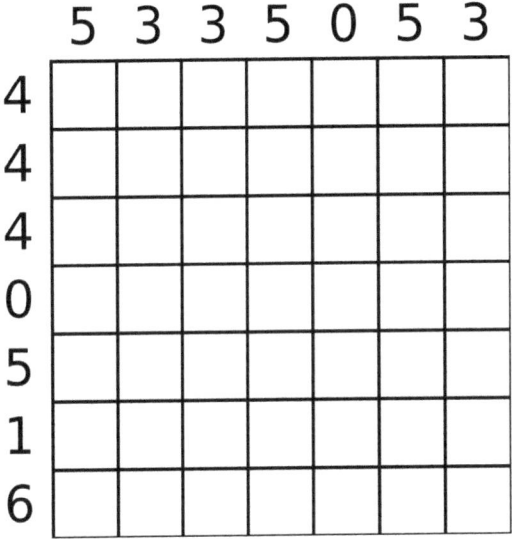

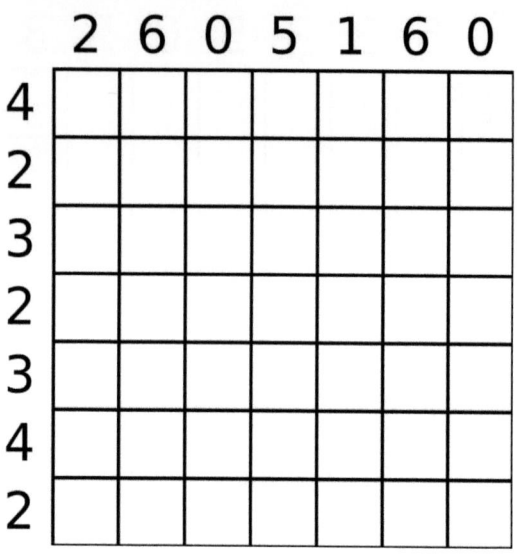

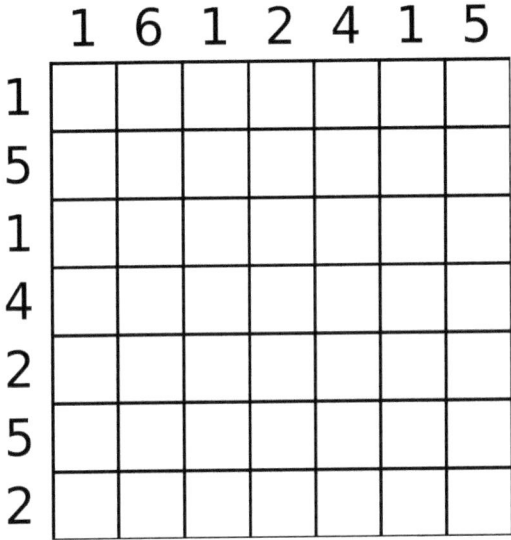

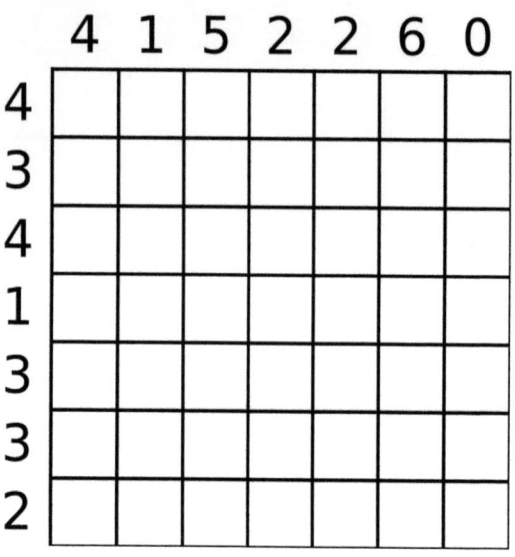

62

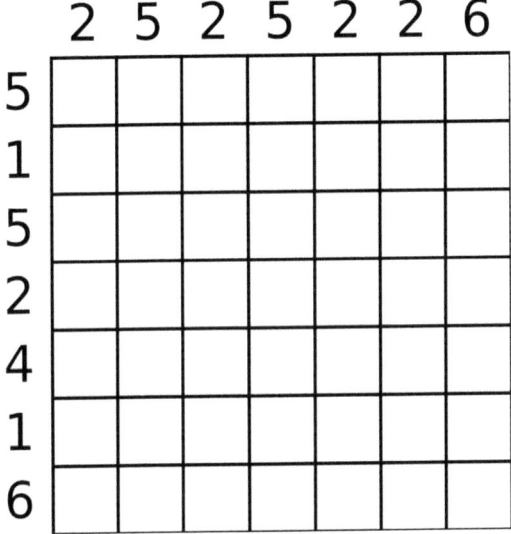

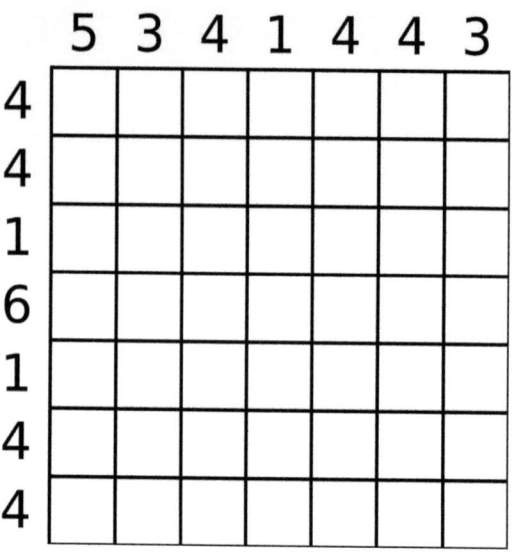

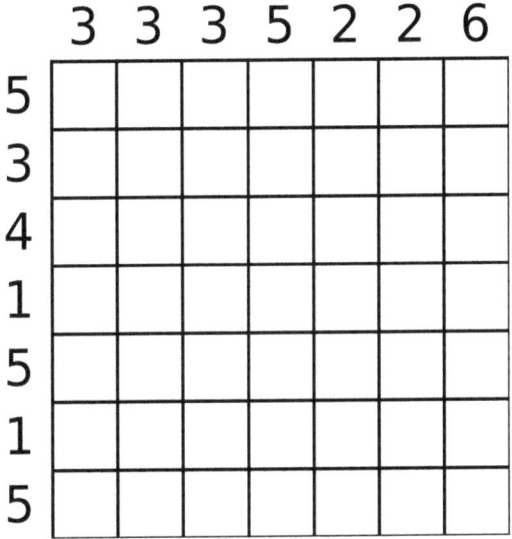

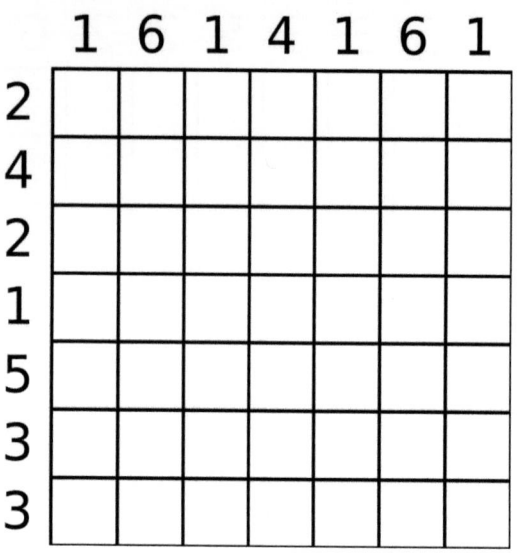

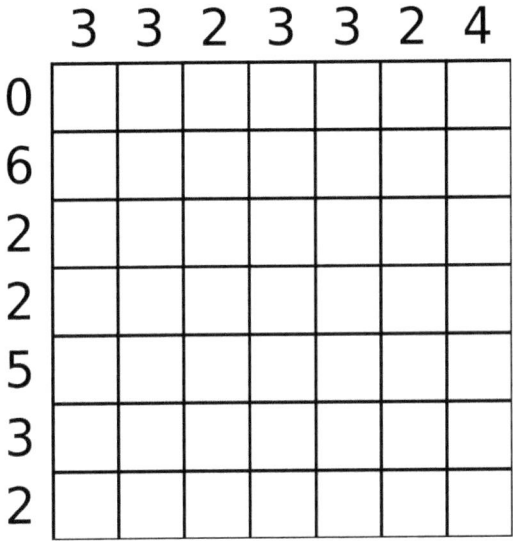

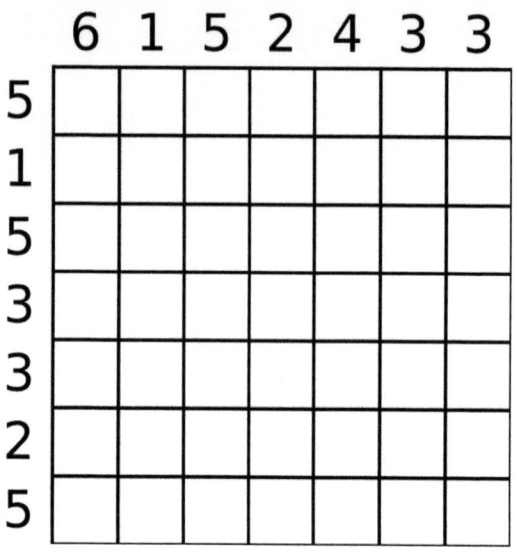

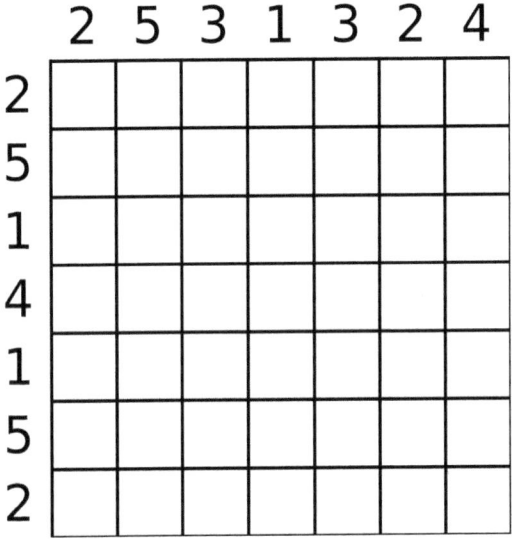

8×8 Rätsel

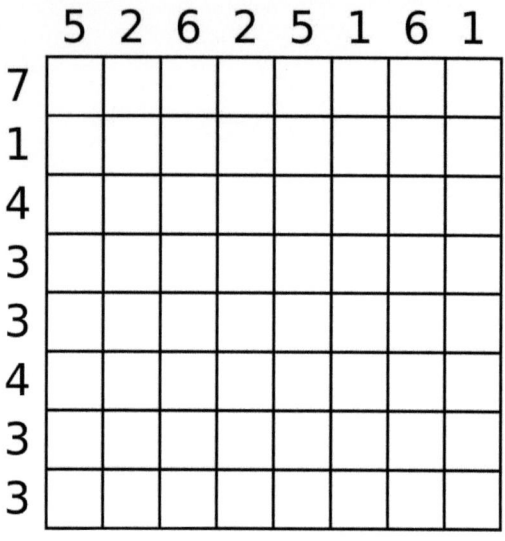

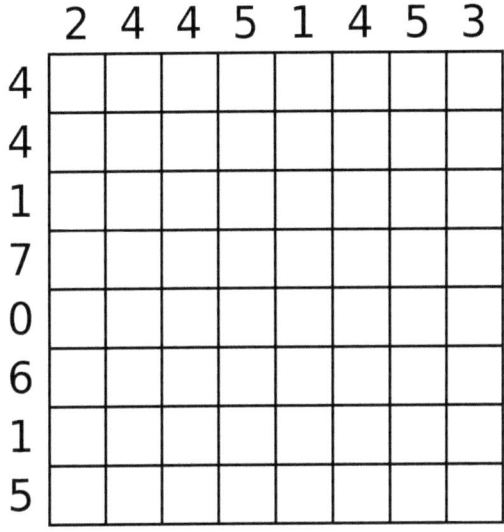

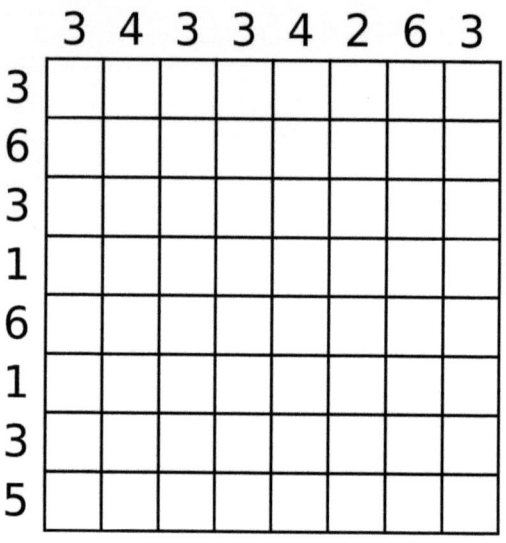

74

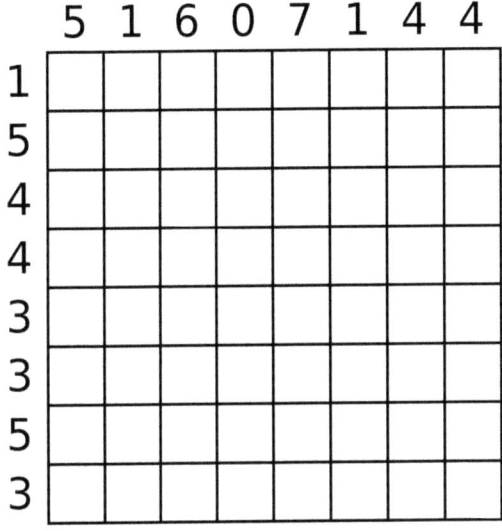

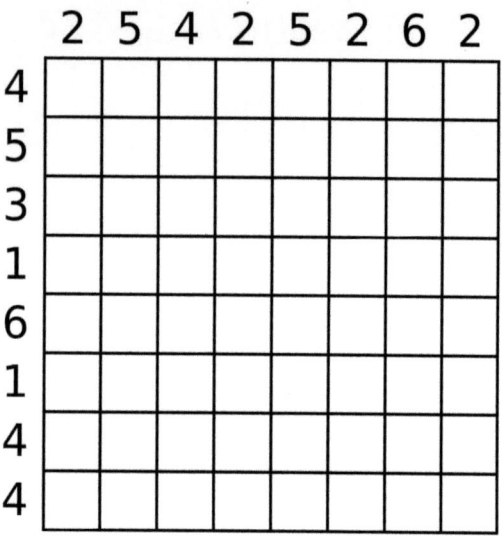

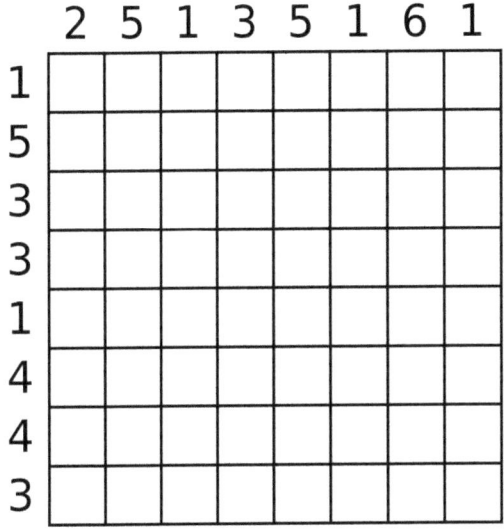

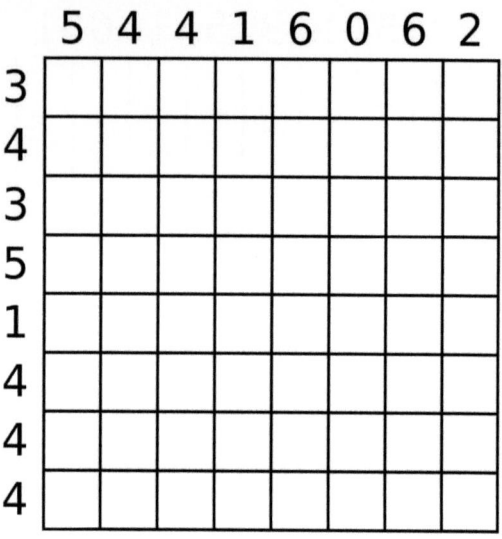

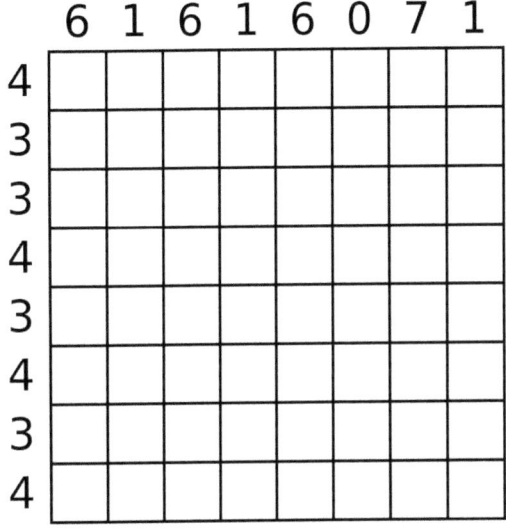

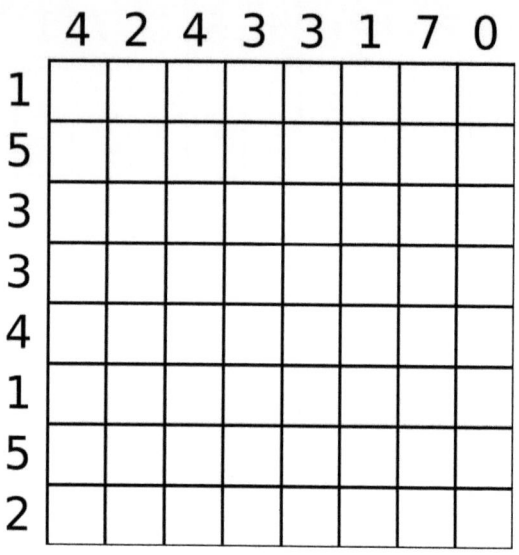

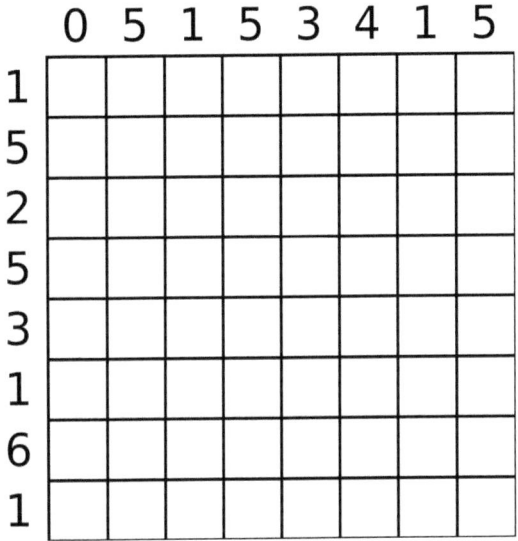

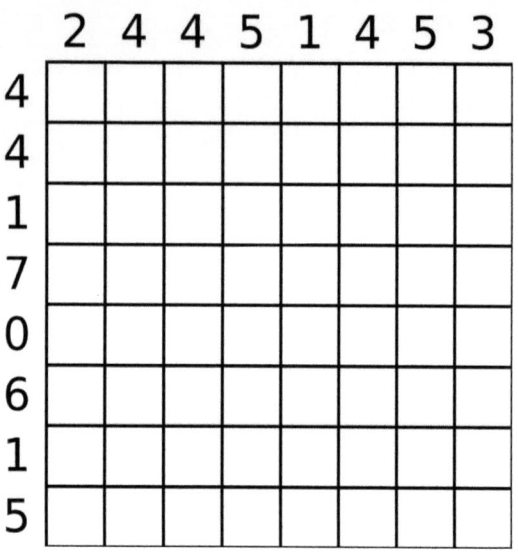

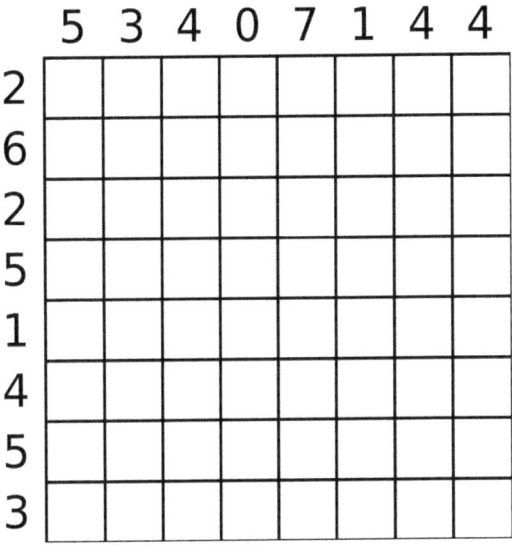

9×9 Rätsel

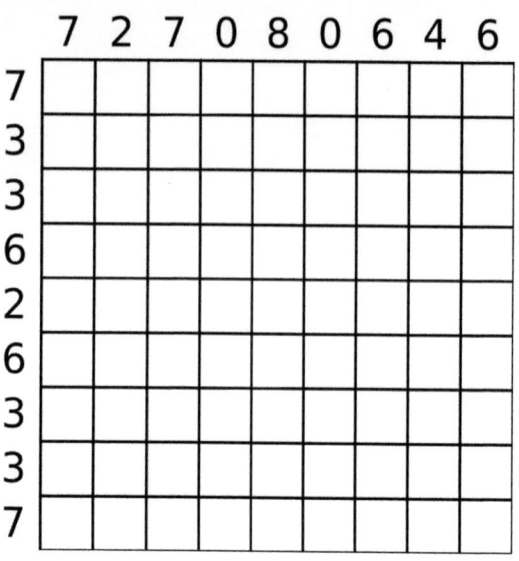

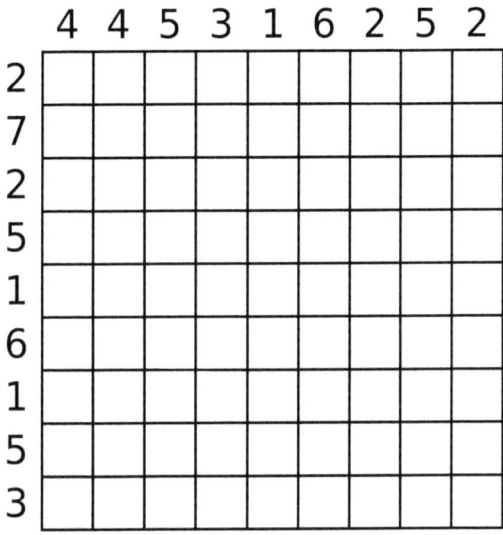

Lösungen

Seite 10, 11

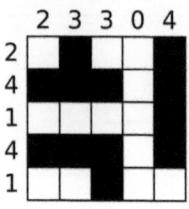

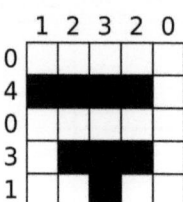

Seite 12, 13

Seite 14, 15

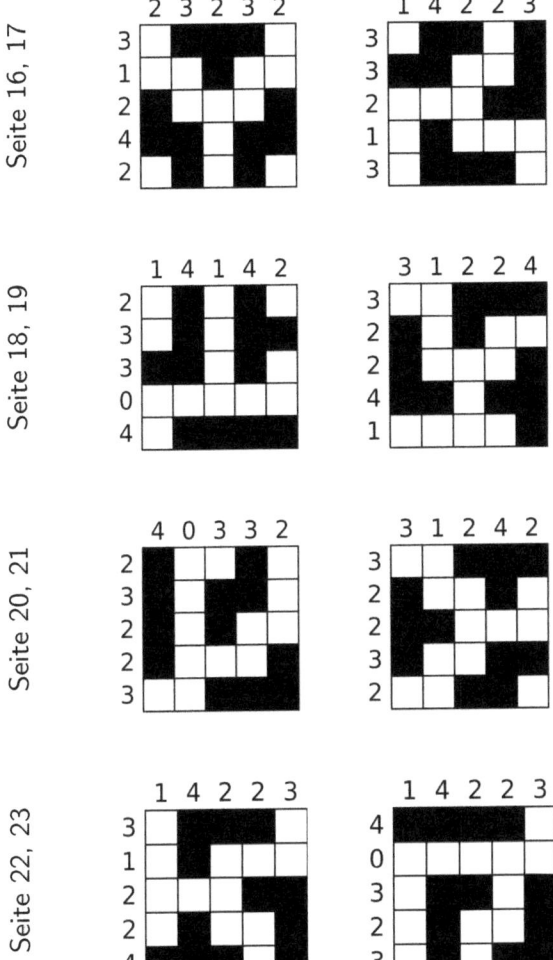

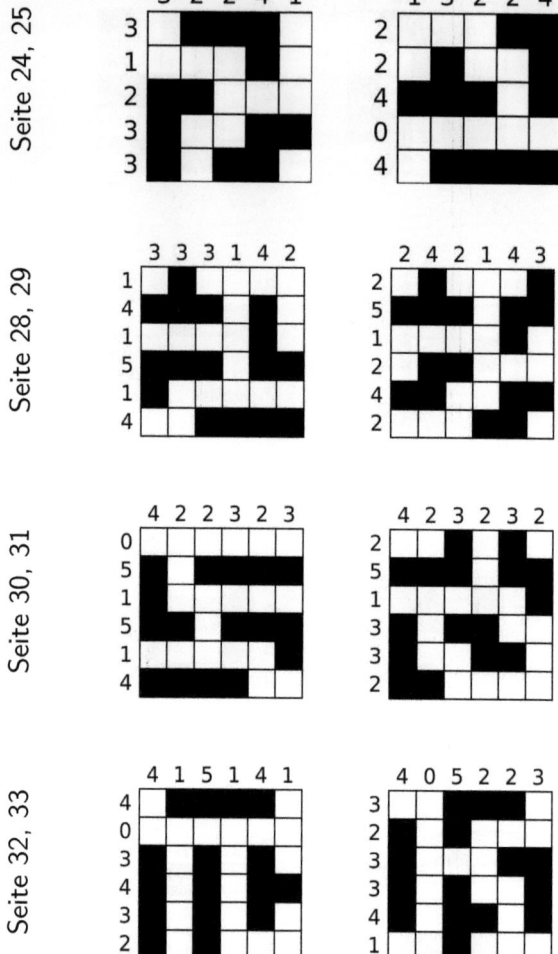

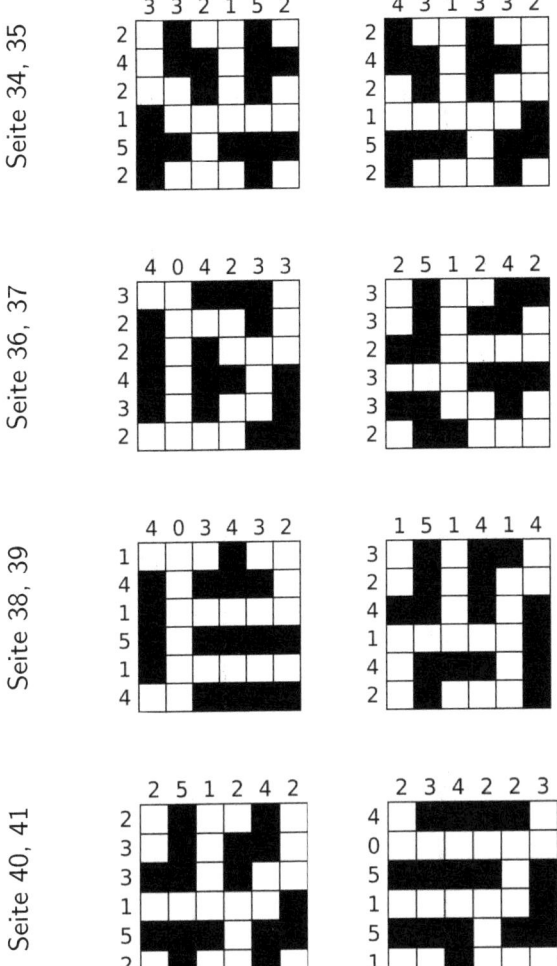

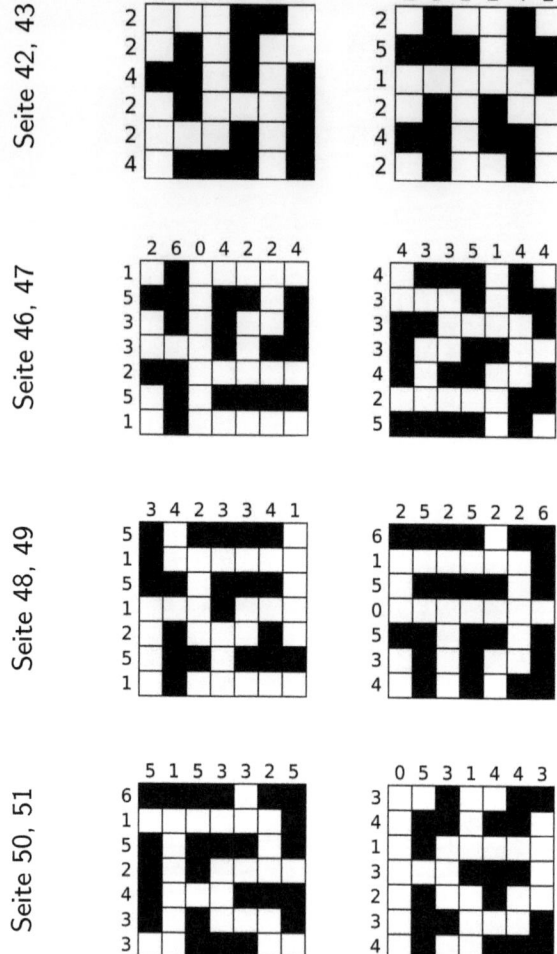

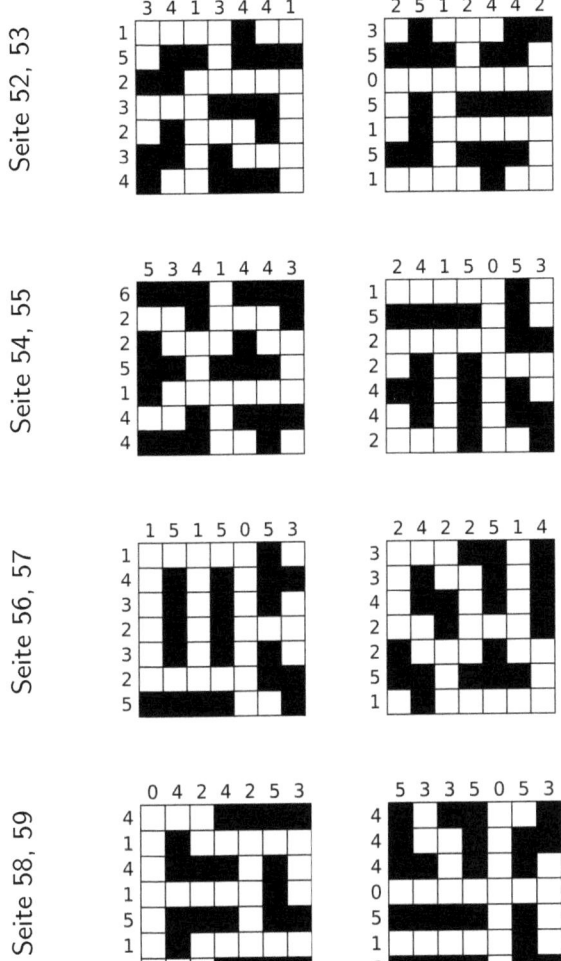

Seite 60, 61

Seite 62, 63

Seite 64, 65

Seite 66, 67

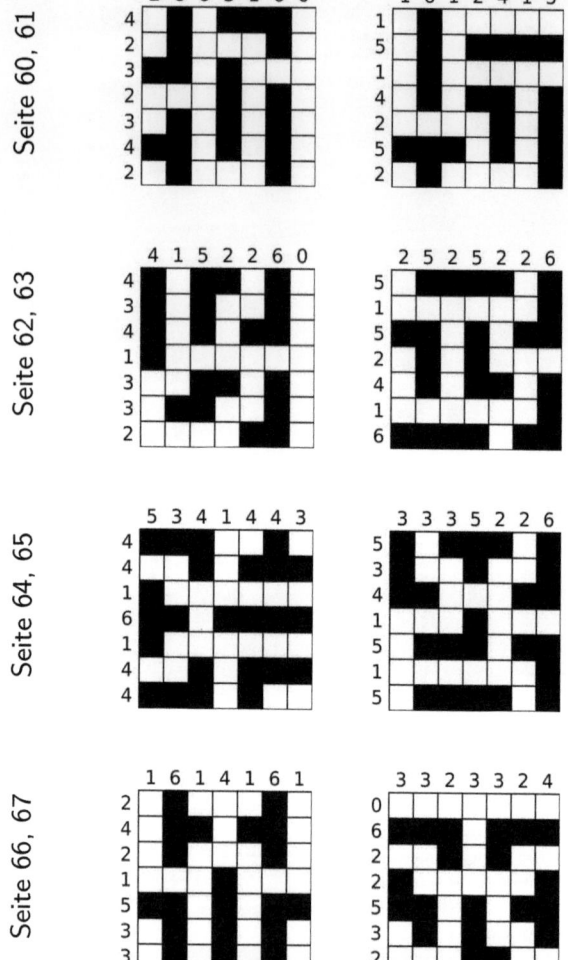

Seite 68, 69

Seite 72, 73

Seite 74, 75

Seite 76, 77

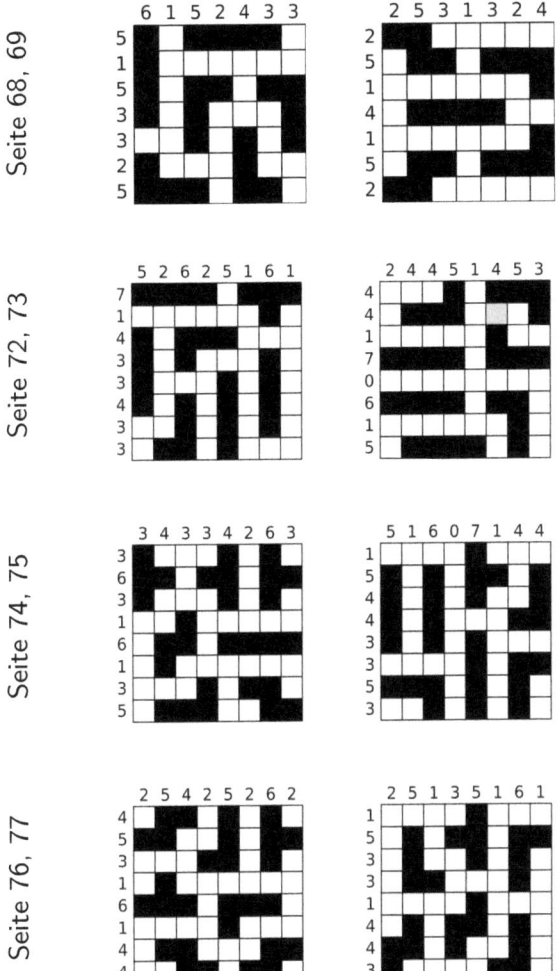

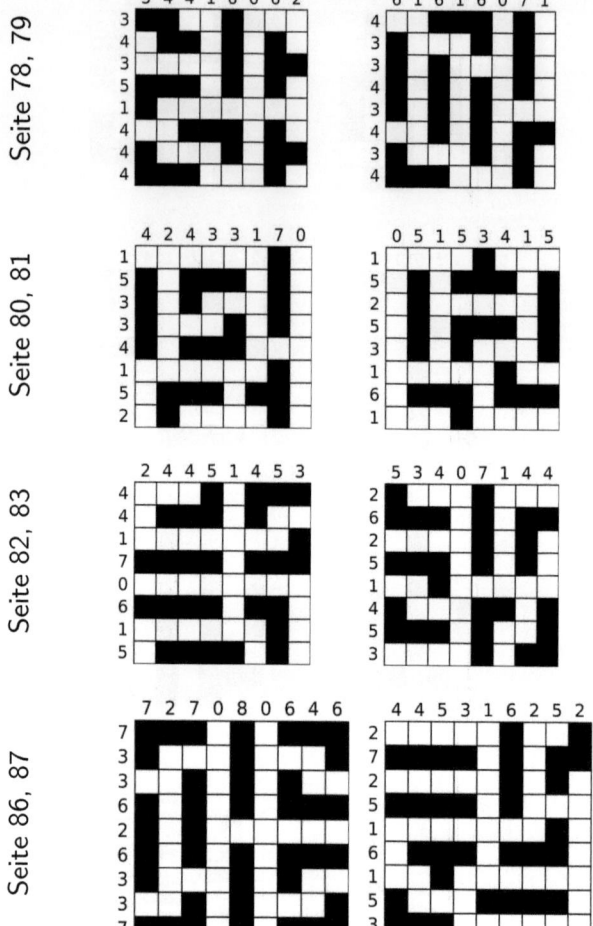

Tacticross gibt es auch als App für's Smartphone!

www.tacticross.de

Deviceart by mockUphone!, Creative Commons Attribution 3.0 Unported License

```
YDKJNSYDMNVYKSUDFHA
FBCLISXYHFBCLSYXKFG
JZU                      ERT
SDY   Spruch             ERT
DCW                      TZU
TRE   Schlange           FGH
DSANBVFGHJIHGFDERST
HVS  Entwirren sie weise Sprüche TZU
EGHJKHJNBUVCGBNWEKF
YDK                      HA
FBC   NESSIWUZNICV       FG
JZU   WABDIEKWTRAX       RT
SDY   MSDRINUKMJDX       RT
DCW   ADCDTSNUEHTD       ZU
TRE   NURERSBCTSEB       GH
DSA   BEDRWEISHEIT       ST
HVS   ERSTRUUSSLMQ       ZU
EGH   THEHENMKOSVM       KF
YDK                      HA
FBCLISXYHFBCLSYXKFG
JZUIOCVBNMASDFGWERT
```

Spruchschlangen sind der neue schlaue Knobelspaß für helle Köpfe! Sie verbinden Rätseln mit der Erleuchtung, die uns ein guter Spruch oder ein Zitat gibt.

www.spruchschlange.de